Venda por telefone mais rápido e melhor

Jackson Campos **1ª**
Edição

Voltado para vendas em geral, mas especialmente para quem não pode ou não quer fazer visitas.

Este livro foi escrito com base na experiência de anos em vendas com todo tipo de produto, como vendedor, como gerente e diretor.

Agradecimentos

Agradeço à minha mãe que não está mais entre nós, mas que certamente estaria contente em ler esta dedicatória, aos meus filhos, minha razão de existir e minha esposa, Juliana Cavalcanti.

"Tudo é uma questão de manter, a mente quieta, a
espinha ereta e o coração tranquilo"

Walter Franco

INTRODUÇÃO

Venda é ciência. É uma soma de mais com menos. Então qualquer pessoa pode ser um vendedor? Sim, desde que queira.

Isso quer dizer que se você seguir um passo a passo, mesmo que você não entenda nada de vendas, você terá sucesso.

Nada será fácil e não existirá mágica, mas suas chances irão melhorar de verdade se você se guiar por um método simples e objetivo.

Com este pequeno texto acima, tenho a honra de apresentar um livro completo de quem vende por telefone há mais de 20 anos para quem quer começar ou melhorar.

São rotinas de vendas e comportamentos de um vendedor, que na maior parte do tempo, vende por telefone e sem a necessidade de visitas.

Já vou deixar claro que visitas são importantes e em grandes negócios mais que isso, só que não são imprescindíveis e tenho como provar.

Explicarei em passos simples como fazer vendas por telefone sem precisar necessariamente fazer visitas e com eficácia.

A venda vai muito além disso: há a preparação, o pós vendas, o contato no dia a dia e claro, a entrega do produto em si, seja operacional, um serviço ou um produto físico.

Então aproveite a leitura que é curta e divertida e faça o livro circular. Depois que terminar a leitura, empreste ou doe para alguém que você acha que precisa ler.

Essa é a função social do livro, fazer com que ele passe por mais pessoas e não fique parado em uma estante qualquer.

Venda é ciência. É uma soma de mais com menos. Então qualquer pessoa pode ser um vendedor? Sim, desde que queira.

CAPÍTULO 1

Cold Calls ou Ligações Frias

Cold Call é o termo em inglês para ligações frias. São aquelas que qualquer vendedor executa sem ter o nome de quem vai falar ou do decisor de compra. Ele simplesmente pega o telefone, efetua uma ligação e tenta conversar com alguém responsável pela contratação do serviço que ele vende, ou alguém que possa querer comprar o produto que ele oferece.

Normalmente quem vai receber a ligação não a solicitou e estará executando alguma tarefa no momento em que atender, por isso muitas vezes é difícil ter sucesso nestas ligações.

É também por este motivo que os vendedores fogem das ligações frias, já que o desfecho é imprevisível e a recepção de quem atende nem sempre é amigável. Alguns profissionais de vendas chegam a ficar doentes com a pressão, enquanto, do outro lado, empresas de todas as áreas e vendas colocam cada vez mais metas de ligações em suas estratégias de gestão dos colaboradores.

O motivo? Ainda é o método que mais funciona, porque ainda que a pessoa que ligue não tenha qualquer tato para fazê-lo ou domínio do que está vendendo, ela vai fechar alguma coisa. Então, quanto mais ligar, mesmo que não saiba muito bem o que está fazendo, maiores são as chances de sucesso.

Mas, será que precisa ser tão complicado e difícil? Será que podemos aumentar nossas chances?

Neste livro eu explico como fazer *cold calls* de maneira eficiente, dou algumas dicas de vendas em geral e ainda vou te explicar como precisar fazer menos ligações para vender mais em qualquer área de vendas, seja um produto ou serviço.

Coldcalls são uma missão complicada, mas é possível melhorar o seu desempenho com dicas simples

Para quem não é de vendas (todo mundo é de compras, ainda que fora do trabalho), o profissional que executa o *cold call* é aquele cara chato que te liga para te vender algo que você não quer, não precisa, ou ainda não sabe que precisa.

Mas se você é de vendas, não deixe de fazer *cold call*. Essas ligações têm o poder de mudar o resultado do seu mês de maneira eficaz e no rápido. Faça todos os dias, todos os meses, ainda que por 10 minutos por dia.

Mesmo que você encontre muita gente tentando te vender métodos mais eficazes de gerar resultados e que podem mesmo funcionar, o cold call é o método mais rápido, fácil e barato de ter um resultado no curto prazo.

O profissional que executa o *cold call* é aquele cara chato que te liga para te vender algo que você não quer, não precisa, ou ainda não sabe que precisa

Preparação

Antes de pegar no telefone, prepare-se. Isso quer dizer que você tem que fazer alguns estudos para que as ligações sejam mais eficazes. Do contrário, você vai acabar fazendo uma porção de ligações que não darão em nada.

Antes inclusive de se preparar, você precisa acreditar no seu produto, de verdade, sem piegas. Prepare seu pensamento antes de começar a ligar e mentalize: qualquer pessoa é capaz de vender qualquer produto para qualquer pessoa. Isso não é mantra de coaching, é uma verdade e será possível perceber isso conforme você for avançando na leitura e colocando em prática.

Quando ligar, saiba o que vai dizer. Pense se você quer vender o produto ou a visita, porque há casos em que você quer marcar a visita e se essa for a sua realidade, fale sobre a importância do cliente em te receber e não sobre a importância do seu produto. Se o objetivo da sua ligação for agendar uma visita para que o fechamento seja presencial, explique ao cliente os benefícios da visita e de quem irá te acompanhar.

Se você quiser vender o produto sem visitar, não deixe a conversa ir para este caminho, ou seja, toda vez que o cliente levar o assunto nesta direção, você terá que conduzi-lo que o fechamento será por telefone e que não há motivos para ele gastar tempo e energia presencialmente.

Quando for ligar, você vai ter poucos segundos para conquistar o cliente, normalmente 3 ou 4. Com alguma experiência, você já vai saber com 10 segundos de ligação se o cliente vai te dar atenção ou não, então o ritual de pré ligação será sempre essencial.

Para engajar quem vai atender, você precisa conhecer um pouco sobre a empresa que você está ligando, provavelmente sua empresa te forneça algum material sobre isso, mas se não o fizer, não fique sentado esperando e vá a luta. Procure o site, entenda sobre os produtos que ela comercializa, quem são os fundadores, a missão, procure as pessoas nas redes sociais (principalmente profissionais), trace um foco e só depois faça a ligação.

E se for pessoa física, você vai precisar ao menos saber pronunciar o nome correto da pessoa, sua idade (pelo menos aproximada) e qualquer dado que você receba que o qualifique como possível cliente e motivo por você estar ligando. Se sua empresa é daquelas em que as ligações são feitas de maneira automática sem que você tenha tempo sequer de pensar, todo o preparo será dedicado à entonação da sua voz quando a pessoa atender, mas falaremos disso mais a frente.

Aprenda a perder

Se o cliente disser NÃO, siga para o próximo. Simples assim.

Não seja grosso na resposta, não fique bravo com ele, não fale nada negativo ao desligar o telefone porque isso vai comprometer sua próxima ligação e ainda contaminar seus colegas próximos. Se o cliente disser NÃO, considere um favor, assim você segue e não perde tempo com alguém te enrolando. O que você precisa aprender a identificar quando o cliente não quer mesmo o seu produto ou está te enrolando. A prática e leitura irão te ajudar com esse dilema.

É importante conseguir definir se o cliente não está mesmo interessado, não precisa mesmo do produto ou é apenas uma objeção. Para concluir isso você precisa estar preparado, com informações certeiras da pesquisa que você fez sobre o cliente no momento de preparação, assim você consegue fazer uma ou duas perguntas e identificar corretamente.

Normalmente, mesmo que um cliente não precise de um produto, ele irá ouvir quando a abordagem é bem feita e se você fizer de maneira diferente aquilo que os outros fazem igual, quando você ligar novamente o cliente se lembrará de você, ou até te procurará quando uma oportunidade surgir.

Faz parte do preparo ensaiar uma abordagem. Isso não quer dizer que você deve decorar nada, mas como todo discurso, a abordagem de venda precisa seguir uma narrativa, ela não pode ser afobada e nem desconexa, ou então, nem deve ser feita.

Uma leitura mais técnica sobre o produto ou serviço que você vende também é importante. Quanto mais técnica for a sua venda, mais você terá que se preparar. E se você estiver vendendo para pessoas físicas, produtos como assinatura de revista, linha telefônica, ou outro serviço do tipo, conheça bastante o produto sim, só que ao ligar você vai falar pouco das características, e esta é uma técnica que falaremos logo adiante.

Isso é respeito pelo tempo dela e pelo que ela
estiver fazendo

Tenha empatia

Quem vai te atender talvez já tenha atendido 10, 20 pessoas como você no mesmo, ou até mais. Que motivo poderia fazer com que ela te trate de forma diferente do que ela trata os outros? sendo diferente dos outros. Quando ela atender, chame pelo nome, se apresente e faça a pergunta: "...você pode falar por um instante?"

Essa pergunta é importante porque se a pessoa disser que não pode, você pergunta quando ela poderá te atender e então, diga que você retornará na hora combinada, e retorne mesmo.

Isso é respeito pelo tempo dela e pelo que ela estiver fazendo. Mas não apenas isso.

Há quem diga que ela não vai te atender na hora agendada e se não atender, ótimo! Você já tem a resposta: ela não tem interesse nem em ouvir o que você tem a dizer, então pule para o próximo. Há quem diga que você não deve perguntar se o cliente pode te atender, que esfria a ligação e que você deveria ir direto para a venda.

Na prática, pode dar certo, mas vai depender muito do tipo de produto que você trabalha. Se sua venda é de impacto e você não tem como controlar a discagem (aquelas empresas que o software disca automaticamente uma ligação atrás da outra), pergunte assim mesmo e diga que será bem rápido e seja mesmo.

Se sua venda é de relacionamento e você pode ligar depois, caso você insista, o cliente não irá te ouvir e você terá perdido seu tempo. Quando você retornar, inicie assim: Olá, bom dia, aqui é Jackson da empresa A, te liguei antes e você me pediu para ligar agora e estou retornando conforme agendamos. Isso certamente vai fazer com que a pessoa se lembre de você, principalmente se você seguir corretamente a dica dos 3 segundos.

Dessa vez, quando o cliente te atender, você não pergunta se a pessoa pode falar, justamente porque a ligação foi agendada. Outro ponto é o gatilho do compromisso, então use ao seu favor o fato do cliente ter marcado aquele dia e hora com você e deposite um pouco dessa responsabilidade nele.

Você tem 3 segundos

Ao completar a ligação você terá 3 ou 4 segundos para convencer o cliente a te ouvir. Depois disso ele até pode te escutar, mas já tem as objeções e sabe como vai te dispensar, só vai mudar a ordem em que ele fará isso.

Aprendi com os anos e com muito estudo que alguns pontos farão você se diferenciar nestes 4 segundos, conforme abaixo:

Tenha vontade de ligar, tenha entusiasmo. Se você ligar sem vontade o cliente irá perceber logo no início e isso vai tirar todo o crédito sobre o que você estiver vendendo, seja o produto bom ou não. Quanto mais empolgado você estiver para ligar, menos relevante será o produto do qual você vai falar. Só não exagere e nem force amizade que não existe.

Seja afiado, tenha sempre uma resposta na ponta da língua e nunca deixe um momento silencioso na ligação. Caso o cliente pergunte algo que não entendeu, responda e emende a próxima palavra, frase ou assunto. Se você deixar com que ele pense nessa hora, ele vai pensar que não gosta de você e nem de você estar atrapalhando algo.

Seja especialista no assunto. Todo cliente gosta de trabalhar com autoridades em algum tema e você precisa transmitir isso na voz, ainda que não fale isso diretamente. Na primeira oportunidade, se torne especialista. Saiba quais são as novidades do setor dele, quais são os números do mercado, o que a empresa dele tem feito, mas tome cuidado para não parecer que conhece mais do negócio dele que ele mesmo, pois isso acabará com o seu trabalho.

Leia sobre o produto, conheça os concorrentes, saiba de atualizações de mercado (seu e do cliente) e nunca conte mentiras. Se não souber, emende com outro assunto, para não deixar a ligação muda. Mentiras de fato têm perna curta e vão te complicar. Não vale a pena exagerar e falar que sua empresa faz algo que não tem habilidade em fazer, porque há chances de dar errado.

Faça perguntas abertas, evite perguntas de "sim" ou "não" e nunca facilite dando a resposta para o contato. existem duas formas de fazer uma pergunta: "como você contrata o prestador de serviço?" e "você contrata o prestador de serviços caso a caso ou você tem contrato (BID)?".

Percebeu que na primeira você perguntou e na segunda você deu uma resposta para que ele se livre de você? Se ele quiser te dispensar, pelo menos deixe-o pensar numa desculpa. E se ele dispensar, vá para o próximo sem ressentimentos. Evite entregar as objeções de bandeja, isso vai ajudar muito no seu desempenho.

Treine essa dica dos 3 segundos e entenda que foi testada por muita gente e está entre as lições mais aplicadas em vendas pelo mundo. Seu criador é Jordan Belfort, o famoso lobo de Wall Street.

Objeções

Aqui está o segredo: toda área tem sua particularidade, sua rotina, seu jeito. Não há receita de bolo, mas há maneiras de facilitar. Nós temos dificuldade em dizer "não" para as pessoas, então inventamos desculpas, que neste caso, serão tratadas como objeções.

Chegando até aqui você percebeu que ser afiado é um dos diferenciais. E daqui pra frente será o atributo que você vai treinar mais. E como se faz isso? Com prática. Mas só praticar não vai ajudar, então faça o seguinte: durante uma semana faça ligações e tente vender normalmente, anotando as objeções que o cliente te der. Cada uma delas de cada tipo que aparecer. Nenhum mercado tem mais do que dez objeções diferentes, elas podem mudar um pouco aqui, um pouco ali, mas na essência são a mesma coisa.

Depois de uma semana, você terá muitas anotações e já vai saber quais aparecem mais e quais são pouco frequentes. Então pegue a folha com as objeções e escreva as respostas para as 10 mais comuns, de maneira clara e objetiva. Trabalhe bem nas respostas. use todo conhecimento técnico que você tem do seu mercado.

Na semana seguinte, faça as ligações normalmente com as objeções e respostas na mão e use as respostas de maneira natural, sem ler, ou pelo menos sem parecer que está lendo.

Com algumas ligações você estará muito afiado. Clientes compradores não estão acostumados com bons vendedores e quando acontece de um ligar para eles é bem comum que eles se percam nas objeções.

É bem provável que algum de interrompa no meio de uma das suas respostas, então não deixe silêncio na linha, para evitar que aconteça você pode sempre fazer uma pergunta aberta, como falamos anteriormente.

Na minha área, que é serviços de comércio exterior eu sei de cor as principais respostas de algumas, mas não são únicas, então podem aparecer que não estão listadas aqui e você poderá encontrar novas com a modernização do setor, veja algumas:

Objeção: É BID Global

Causa: Comum quando a decisão de compra é feita internacionalmente por um departamento global.

Objeção: É Fechado fora

Causa: Acontece quando, no comércio exterior, o comprador ou vendedor do produto contrata o frete e este fica atrelado ao produto.

Objeção: É um amigo do dono que está aqui desde sempre.

Causa: Neste caso, como o comércio exterior precisa de parceiros de confiança, é comum que no início da empresa o sócio proprietário tenha encontrado um parceiro e queira trabalhar com ele para sempre, mesmo este não sendo um dos melhores do mercado.

Objeção: Trabalhamos com 3 parceiros e não abrimos para outros;

Causa: É muito mais objeção do que uma realidade, mas se for verdade, estes parceiros foram definidos como fixos em algum momento por um processo de classificação.

Objeção: Quem decide é o gerente e ele está em reunião para sempre.

Causa: Uma objeção clara para se livrar do vendedor.

Objeção: Não estamos importando, nem exportando, nem vendendo, nem comprando, nem vivendo

Causa: Outra objeção pura e simples.

Objeção: Todas as cargas já estão fechadas até o fim do mês.

Causa: Acontece quando a programação é feita com antecedência.

Objeção: Estou com um parceiro há anos e sendo bem atendido.

Causa: É comum quando o parceiro atende satisfatoriamente a operação.

É aqui que o jogo vira, meu amigo vendedor, porque vamos trabalhar na resposta de cada uma das objeções em seguida.

Ao completar a ligação você terá 3 ou 4 segundos para convencer o cliente a te ouvir.

Como tratar as objeções mais comuns

Como responder a essas objeções, considerando serviços de comércio exterior. Se você está lendo e não é da área, não pule este breve capítulo, pois as objeções são parecidas em muitos mercados e você conseguirá adaptar suas respostas com facilidade.

O que responder em cada caso dos que conversamos acima:

Objeção: Temos BID Global

Tratamento: Se você fez a lição de casa, já fez a pesquisa e já tem ideia se é mesmo uma decisão feita por um time global. Se sua empresa não está focada nesse tipo de serviço, você não deveria nem estar ligando. Existem ferramentas que te dão essa informação atualmente.

Além disso, nenhuma empresa consegue viver totalmente de acordos globais, porque o mercado brasileiro é bem particular, então veja se existem serviços que você consiga agregar localmente e caso não haja, não ligue mais.

Objeção: O serviço é fechado fora

Tratamento: Existem ferramentas no comércio exterior para verificar essa informação. De qualquer modo, sempre haverá serviços que precisam ser definidos no Brasil para oferecer, mas se você não quiser focar neles ou não os possuir para oferecer, pense que todo mundo que fecha serviços atrelados à compra do produto tem pouco controle sobre a operação e consequentemente, tem problemas.

Tente conversar sobre os problemas e esteja a disposição para ajudar quando o cenário mudar. Há quem peça o contato do exportador para tentar oferecer serviços na origem, se a sua empresa não for uma global, acho que é perda de tempo.

Objeção: É um amigo do dono que está aqui desde sempre

Tratamento: Você vai encontrar muito mais objeções neste sentido do que isso acontecendo de verdade. Contudo, você precisa pensar que este contato foi feito em algum momento e se é o dono da empresa que decide sobre este serviço, você precisa falar com ele. É possível que a pessoa que esteja falando contigo ache estranho que você peça para falar com o dono, mas se a decisão é feita por ele, você está falando com a pessoa errada.

Objeção: Trabalhamos com 3 parceiros e não abrimos para outros

Tratamento: Pense que em algum momento essa classificação foi feita, então você precisa ir neste sentido e com pouca conversa você já saberá se é verdade ou não.

No caso de a empresa realmente trabalhar dessa forma, você precisa explorar o que levou à escolha, ou seja, quais pontos positivos os escolhidos possuem e assim você pode preparar sua empresa nesta direção ou tratar o assunto, caso você perceba que pode.

Objeção: Quem decide é o gerente e ele está em reunião para sempre.

Tratamento: Todo mundo tem tempo para uma reunião ou um assunto importante. Se seu cliente não tem tempo, é porque não é importante para ele, você precisa aceitar isso.

Neste caso, tente ligar direto no ramal do decisor, ou use uma das ferramentas disponíveis que te dão o contato direto dele. Se não for possível, tente ligar mais tarde (no fim do dia) numa sexta feira, pode ser que ele te atenda.

Objeção: Não estamos importando, nem exportando, nem vendendo, nem comprando, nem vivendo.

Tratamento: Outra objeção pura e simples que você deve tratar com o uso de estatísticas ou ferramentas de inteligência. Atualmente existem diversas gratuitas e outras pagas para saber se alguém está exportando e importando e se seu mercado não é comércio exterior, certamente existem outras também. Com a resposta já em mente, trate a real objeção com perguntas simples.

Objeção: Todas as cargas já estão fechadas até o fim do mês.

Tratamento: Acontece quando a programação é feita com antecedência se for real, e neste caso, você precisa ligar na data certa. Pergunte quando será o próximo fechamento e você descobrirá se é apenas objeção ou não e se for, trate a objeção correta.

Objeção: Estou com um parceiro há anos e sendo bem atendido.

Tratamento: É provável que ele esteja mesmo. Aqui você irá perguntar o que ele gosta do parceiro, ou seja, quais pontos os deixam contentes com o atendimento.

Trabalhe com a resposta e diga que é comum que com o tempo, as empresas caiam em comodismo e já não atendam como no início, podendo elas até fazer isso em questão de nível de serviço, mas não em questão de preço (para você não ouvir que o nível de serviço é medido e fique sem palavras), então o ideal é que mesmo de vez em quando, é importante que os compradores façam uma cotação para comparativo.

Treine muito os tratamentos e pense que sempre há uma maneira de rebater uma resposta com educação e respeito, mas saiba perder se for o caso e insista apenas naquelas contas em que você tenha real interesse, ou que estejam dentro das contas alvo da sua empresa.

Aproveite e trabalhe o tema com seus gestores e colegas, dividindo com eles as respostas que você recebe, assim você compartilha seus aprendizados e alinha as expectativas de ambos os lados.

Treine muito os tratamentos e pense que
sempre há uma maneira de rebater uma
resposta com educação e respeito

Gatilhos Mentais

Talvez você não saiba, mas as decisões que tomamos são influenciadas por estímulos que nosso cérebro recebe. Isso acontece durante todo o dia. Nossa vida é baseada nisso. Nosso cérebro já organiza as coisas que fazemos por meio de gatilhos, que vão direcioná-lo para tomar uma ação sobre algo ou não.

Gatilhos mentais podem ser usados em forma de palavras, entonação de voz, sons, imagens, sentidos, tudo. As grandes marcas possuem departamentos de inteligência de marketing focados em trabalhar e entender como isso funciona, para que nós compremos mais e mais a todo instante.

No nosso caso, vendendo por telefone vamos trabalhar com as que conseguimos, que são palavras, tom de voz e sons. Claro, muita gente vai ler e falar sobre o tal marketing outbound, e outras formas de vender que não seja numa ligação fria, mas o objetivo deste livro é explorar o bom e velho telefone, então não entrarei em outras ferramentas.

Na próxima ligação que você fizer tente substituir palavras negativas por positivas (troque "caro" por "menos competitivo"), ainda que o cliente diga "Acho caro", você responde: "concordo que possa parecer menos competitivo, mas...".

Tenha um bom tom de voz e tenha certeza de que seu cliente está ouvindo (ou você vai parar no meio da conversa e ele nem vai perceber que parou e vai continuar repetindo "hã");

Sussurrar em alguns momentos faz parecer que é um segredo, então espere o momento certo para dizer que existe algo que você fez e tente dizer isso em voz mais baixa, de maneira que pareça um sussurro, assim existe a tendência dele se interessar e prestar mais atenção neste momento.

Diga frases de exclusividade, mas sem exageros para não ficar forçado. Nada de parecer que está vendendo um produto Polishop com produtos mágicos, apenas faça com que o cliente entenda o quanto você é importante para ele e que você está vendendo algo que ele precisa comprar em algum momento.

Faça as perguntas certas, abertas. Evite perguntas de "sim" e "não", e não dê a resposta para ele se livrar de você, como falamos no tópico anterior: "você faz BID?", "Você tem um parceiro fixo?", "Seu despachante que fecha suas cotações?", ao contrário disso, pergunte: "como você faz para contratar...?", "Com qual frequência você revê os parceiros...?".

Faça perguntas que a pessoa precise prestar atenção no que está respondendo: "quais benefícios o meu concorrente te ofereceu que te fez escolhê-lo?". Isso fará com que o cliente trabalhe na resposta, mesmo que vá tentar te dispensar.

Elogie o que ele tem atualmente, evite falar mal da solução atual dele, mesmo que você saiba que é ruim. Pense: se alguém te ligar para te vender algo e disser que você é um incompetente que está comprando errado a vida inteira, o que você vai pensar? (gatilho mental negativo também existe).

Você pode usar gatilhos de escassez, exclusividade e outros, mas tome cuidado para não banalizar o seu serviço, o dele, ou parecer desesperado, isso também reflete como um gatilho e vai ajudá-lo a não comprar de você.

Venda benefícios em vez de características

Quando compramos algo, buscamos os benefícios e nem sempre as características. Claro que isso pode mudar levemente em alguns setores, mas mesmo se você estiver vendendo carros, por exemplo, mostrar benefícios vai ter mais resultado do que vender características.

Mas antes, você sabe diferenciar um do outro?

Isso é uma característica: A empresa A é o maior agente de cargas do mundo, presente em 200 países com 500 escritórios próprios;

Isso é um benefício: a empresa A tem acesso a condições exclusivas pelo seu tamanho e pode te oferecer tranquilidade e segurança, não apenas porque terá preferência na hora de embarcar sua carga, mas também segurança de uma empresa sólida globalmente.

Característica: vamos operar seu joelho, colocar um pequeno parafuso por meio de uma incisão de 10 cm e, por fim, imobilizar sua perna por 60 dias. Vai coçar muito, mas vamos te dar um remédio tarja preta que vai te fazer ficar zonzo, então você nem vai sentir.

Benefício: vamos te operar o joelho e em 60 dias você já poderá tirar o gesso, te devolvendo os movimentos das pernas e te livrando da cadeira de rodas. Quem sabe ano que vem você já pode até bater aquela bolinha.

Aprender isso mudou totalmente minha forma de entregar resultados e vai mudar a sua também. As pessoas querem saber "o que ganham com isso".

Passe a avaliar quais são os benefícios que seu produto ou serviço entrega e se o cliente quiser saber as características, ele vai te perguntar.

Ninguém procura pelo menor preço. Aceite!

Mesmo o cliente que diga que sim, preço não é fator primário para ninguém. Nem para empresas, nem para pessoas físicas.

Se você, como comprador de um produto para si mesmo e deixa de comprar um produto por causa de preço, você realmente pensa que o preço é alto ou você não acha que valia aquilo tudo?

Isso nada mais é que você não se sentiu seguro de que era um bom negócio e é isso que você busca, assim como todos nós: Segurança. Esse é o segredo, o cliente busca saber que fez um bom negócio e que está seguro em relação a escolha.

Quase sempre o cliente está usando o preço como desculpa e o Google tem bons textos de como tratar a objeção "preço", então não vou entrar nisso agora, contudo vou te contar como mudar o assunto na hora certa, que é o que vai te fazer um profissional classe A em vendas.

Cliente disse que o problema é preço, diga:

"Puxa, isso não é comum! Estamos comparando a mesma coisa? É estranho que o mesmo produto tenha valores diferentes" e tire a conversa do preço, fale dos benefícios, tente entender o que ele está comparando. Até existe diferença de preço para o mesmo produto no mercado, mas não é comum a variação ser maior de 5 ou 10%.

Cliente disse que seu valor está absurdamente mais alto e ele está feliz com o que tem:

Você e eu, amigo vendedor, sabemos que ninguém fica com o que é ruim sabendo que é ruim. Isso quer dizer que ele pode achar que o atual é bom, o que nem sempre é verdade, então você pode tratar isso como uma objeção e usar um gatilho mental:

"pode ser que nosso valor esteja um pouquinho acima, mas vamos pensar juntos? No médio prazo, se eu trouxer este benefício (liste os benefícios que seu produto entrega), você vai investir muito menos comigo do que você gasta hoje, concorda?"

Você percebeu que mudamos a intensidade do que ele disse? Onde ele falou "*absurdamente*" nós falamos "*um pouquinho mais caro*". Onde ele mencionou "*mais alto*" falamos em "*investir muito menos*".

Ainda que saibamos a diferença, ainda que seja mesmo absurdamente mais caro o que você venda, a partir do momento em que você passe a plantar pequenas sementinhas de gatilho mental no cliente, inconscientemente o que você disser irá surtir efeito, mas lembre-se nada de desonestidade aqui, combinado?

Leve para seu dia a dia que se você só mostrar preço para o cliente é apenas isso que ele vai ver, então coloque outras coisas na mesa para tirar o foco de quanto de fato custa o produto ou serviço para o quanto ele vale.

Mesmo o cliente que diga que sim, preço não é
fator primário para ninguém

Faça a lição de casa

Ao terminar a ligação, se você fez tudo certo, seu cliente vai te pedir algo. Pode ser uma apresentação, uma visita, uma cotação. Seja qual for o próximo passo, faça com o mesmo carinho que você faz a ligação.

Claro que você já pode fechar antes mesmo disso. Há casos em que o cliente já pede a cotação na primeira ligação, há mercados em que a venda é fechada na hora, principalmente no B2C, mas mesmo no B2B já presenciei diversos fechamentos instantâneos.

Só que como no comércio exterior nem tudo é na hora, ou seja, a venda é de relacionamento, normalmente você terá pelo menos um segundo passo, que pode ser uma visita, uma apresentação ou uma cotação.

Quando for enviar o que seja que o cliente te pedir, verifique se escreveu certo o nome da pessoa, escreva um resumo do que disseram, releia tudo e envie (olhe tudo de novo e veja se anexou o que tinha que anexar), faça uma terceira conferência se preciso, não faça com pressa.

Eu prefiro que a apresentação e o e-mail sejam enviados em seguida, assim que acabar a ligação, porque tudo está fresco, mas sei que há profissionais que preferem enviar todos os e-mails depois, no fim do período, ou no fim do dia. Eu particularmente não gosto da ideia.

Personalize tudo, aqui não temos espaço para usar nada em texto padrão. Nada de utilizar neologismos ou palavras que estejam saturadas como "parceria", nada de dizer "quero muito" ou "temos muito interesse em trabalhar com sua empresa", porque o cliente não se importa com isso.

Escreva o que sua empresa faz e de forma que a pessoa lembre quando precisar. Trabalhe no título. Você passou a imagem de autoridade no setor, não mude isso no e-mail. Seja o mais profissional possível.

Textos e apresentações longos fazem o cliente desanimar também e normalmente não são lidos, fique alerta nisso e não use mais do que 3 ou 4 linhas, exceto se o que você enviar precisa mesmo ser escrito.

Trabalhe no título, pois ele precisa facilitar a busca do cliente se ele precisar te encontrar no buscador do e-mail dele. Se sua empresa oferece transporte internacional, o título tem que ser: Transporte Internacional - Empresa XYZ".

Os vendedores que possuem CRM (sistema de vendas) vão registrar tudo o que foi feito nele, mas quem não tem, pode usar o Outlook (ou equivalente) para acompanhar e na aba MENSAGEM escolha a opção que tem uma bandeira para ACOMPANHAMENTO, onde você consegue criar um lembrete para retornar depois, na data que foi combinado ou usando a periodicidade que você e sua empresa costumam usar.

O correto é marcar para acompanhar em uma semana depois da ligação, ou da forma que o cliente pediu.

Se ele disser que tem um BID e vai abrir novamente em dois anos, você não pode perder a chance. Claro, isso depois dele ter te convencido que tem um BID mesmo e que isso não era apenas desculpa para de se livrar de você.

Faça sempre

A prática leva a perfeição. Isso faz todo o sentido quando se fala em ligações de prospecção. É preciso repetir, e repetir, até que fique perfeito.

Não existe "dom da venda", existem pessoas que se comunicam bem, mas mesmo elas, sem prática, não conseguem manter um resultado sustentável por muito tempo.

Venda é ciência. É repetir a mesma coisa muitas vezes, mudando o que não funcionou e tornando frequente aquilo que deu certo. Quanto mais você fizer, mais você vai entender o que fazer para melhorar e aprender.

E mesmo quando você tiver muitos clientes ativos, continue fazendo. Estabeleça uma meta mensal, que você divide em meta semanal, e que você divide em meta diária. E então, vão ser apenas algumas ligações no dia.

Ainda quando você se tornar um gerente, diretor, continue fazendo, mesmo que você mude o foco de público alvo. Tenha orgulho de ser um vendedor sempre.

Mesmo que esteja em visita, em viagem. Se você se organizou para fazer cinco ligações de qualidade por dia, faça, pois são apenas cinco, você consegue finalizar bem rápido (e você vai ter 25 por semana, 100 no mês).

Anote sempre as objeções novas que encontrar, trabalhe as respostas de maneira inteligente, cumpra o que combinar com o cliente faça aquilo que gosta, ainda que você precise fazer muito do que não gosta por um tempo, até se posicionar na sua área.

CAPÍTULO 2

É fácil não ser um vendedor ruim, você só precisa parar de fazer algumas coisas

Não é muito fácil se tornar um vendedor de alta performance, um vendedor, tipo, foda. Há alguns por aí, eles atraem pessoas iguais a ele também e todo mundo quer estar ao lado dele, ou dela.

Tem que estudar, prestar atenção, estar sempre ali de olho no cliente, no concorrente e no mercado. Tem que se especializar e fazer mais do que todos os outros fazem. Não dá para ficar na média e querer ter alta performance.

Mas é fácil não ser um vendedor ruim. Muito fácil, aliás. Eles estão em todas as partes, basta observar os contatos que receber e então você vai perceber que para aumentar suas vendas, sem precisar começar a fazer nada novo, basta parar de fazer algumas coisas.

Conheça bem o seu produto ou serviço: Tenha um conhecimento profundo sobre o que você está vendendo. Compreenda os benefícios, características e peculiaridades para poder transmitir confiança e responder às perguntas dos clientes.

Para se tornar um bom vendedor e ter alta performance, você terá que fazer muito mais do que dizem os manuais de bons vendedores, que costumam tratar o assunto como abaixo.

Ouça os clientes: Preste atenção às necessidades, desejos e preocupações dos clientes. A prática da escuta ativa permite entender melhor suas necessidades e ajudá-los a encontrar a solução certa.

Seja honesto e transparente: Construa uma relação de confiança com os clientes. Se você não sabe a resposta para uma pergunta, admita isso e se comprometa a descobrir a resposta correta.

Evite fazer promessas falsas ou ocultar informações importantes.

Ofereça soluções adequadas: Seja proativo em ajudar os clientes a encontrar as soluções certas para suas necessidades.

Não se concentre apenas em vender, mas em encontrar a melhor opção para cada cliente, mesmo que isso signifique não fazer uma venda imediata.

Estabeleça metas realistas: Evite pressionar os clientes a comprar algo que não precisam ou não desejam.

Em vez disso, estabeleça metas realistas com base nas necessidades do cliente e concentre-se em fornecer valor.

Trate os clientes com respeito: Demonstre respeito pelos clientes em todas as interações. Seja educado, cortês e evite comportamentos invasivos ou agressivos.

Esteja disponível para o suporte pós-venda: Após a venda, garanta que esteja disponível para ajudar os clientes com eventuais dúvidas, problemas ou assistência adicional. Isso demonstra compromisso e cuidado com a satisfação do cliente.

Se você já faz tudo isso, está no caminho certo. Agora, no tópico a seguir vamos abordar o que mais você pode fazer.

Não dá para ficar na média e querer ter alta performance.

Não desista no 1º, 2º ou no 5º: "não" que receber

A maioria das vendas é fechada a partir do 5º contato. Isso é estatístico, basta você dar um Google e vai encontrar uma gama de artigos sobre o tema. Principalmente no B2B onde a quantidade de prestadores de serviços é gigantesca.

Então se você qualificou o Lead e ele te interessa, não desista, não deixe de fazer contato. Ligue de novo e de novo até que ele te atenda.

Só não vá ficar ligando todo dia na mesma hora, que caso ele não atenda pode ser que há algum compromisso fixo e isso vai te desgastar ou te desanimar.

O ideal é que você tente em horários diferentes, de preferência no final de cada hora, que é o horário em que as reuniões terminaram e as pessoas costumam sentar em suas mesas.

Mas não vacile, você precisa identificar se o seu cliente tem interesse ou apenas está te enrolando, esse é o segredo.

Se ele estiver te enrolando, vá para os próximos, não se abale e não despeje energia negativa no ambiente em que você está.

Tente gerar conteúdo nos contatos, caso você perceba que essa ideia se aplica, para evitar que você seja só mais um vendedor. Tente usar algo que faça sentido na abordagem, como uma novidade da área, uma notícia de algo que esteja acontecendo com o mercado em que vocês atuem.

Evite enviar e-mails sem fazer um contato antes e se ele não puder falar quando te atender, volte ao início do livro.

Não exale negatividade

Durante este tempo que trabalho com vendas já encontrei pessoas espetaculares, boas mesmo, sabe? Pessoas que exalam positividade e que fazem a gente se sentir bem, que nos motivam e fazem bem ao ambiente.

Essas pessoas normalmente ligavam e fechavam vendas. Elas não conversavam muito, porque estavam ocupadas fechando negócios. Quando a gente perguntava sobre os fechamentos elas não davam muita atenção, pois estavam ocupadas planejando a próxima ligação.

Estas pessoas estavam sempre com as metas batidas, trabalhando com foco e disciplina em um único objetivo: fechar negócios. E comemoravam quando isso acontecia, o que é positivo quando o objetivo é festejar.

Conheci, também, pessoas que tinham o dom de estragar qualquer coisa.

Essa pessoa chegava reclamando, passava o dia reclamando, chamava o desempenho do outro de "sorte", ia embora reclamando da meta, do governo, do chefe, do produto, de tudo, do Uber que cancelava a viagem, tudo.

Bom, e esse vendedor também pegava no telefone para ligar e era mais ou menos assim:

Vamos chamar o vendedor ruim de Sr. Ranzinza (SR. R) e o cliente apenas de Cliente.

Sr. Ranzinza: Bom dia, sou X da empresa Y.

Cliente: Estou bem, como posso ajudar?

Sr. R: Estou vendendo o produto A, podemos agendar uma reunião?

Cliente: Nada de compras, por causa da crise.

Sr. R: Verdade, a coisa está feia. Você viu quanta empresa fechando? Viu a corrupção? Não está fácil de morar nesse país.

Cliente: Pois é. Obrigado pelo contato.

Sr. R: Bom dia.

O Sr. Ranzinza em seguida desligava o telefone e já espalhava seu negativismo em alto e bom tom: "Tá vendo? E ainda querem que a gente venda". Ele ainda completa, que "ninguém está vendendo porque este governo está afundando o país e deixando as empresas todas quebradas". Independentemente de quem fosse o governo, o problema sempre seria algo externo que não o deixava fechar uma venda.

Não seja o Sr. Ranzinza. Na maioria das vezes que não conseguimos algo, geralmente, a culpa é nossa.

Não espalhe negatividade no ambiente em que você trabalha para não estragar a energia de quem está buscando vender.

Ao terminar uma ligação que não tenha sido boa (e isso vai acontecer porque pode haver srs. ranzinzas do lado do cliente também), você deve respirar e partir para a próxima ligação.

Não fale bobagem

Parece simples, né? Mas não é.

A gente fala bobagem o tempo inteiro, não se ofenda, todo mundo fala. Eu falo, meu cliente fala, meu chefe fala, o presidente fala. O papa fala. E se não tomar cuidado, acabamos falando bobagem com o cliente.

Não precisa ser formal demais, o que também é ruim para os negócios, mas tente um meio termo e leve isso contigo sempre nas suas ligações.

Nem tudo é piada

Não faça piadas racistas, homofóbicas, gordofóbicas, ou de qualquer tipo de preconceito.

Algumas nem são piadas mais há muito tempo e ainda repetimos sem prestar atenção por estarem enraizadas no nosso vocabulário.

Elas podem não te ofender, mas ofendem alguém e sempre que repetimos, nós estamos perpetuando um cenário desagradável. Para ter certeza de que você não está fazendo uma piada de mau gosto, faça uma busca sobre o tema.

E quando o cliente fizer, dê uma risada sem graça e mude de assunto, não estenda o assunto. Não seremos nós vendedores que educaremos as pessoas, ou seja, não precisa necessariamente repreender o cliente, mas não dê continuidade ao tema.

Machismo não!

Não seja machista; incentive a presença feminina e sempre reconheça bons trabalhos, sejam eles feitos por você ou por uma colega de trabalho. Jamais diga que uma mulher está ou não em determinada posição por qualquer motivo que não seja o trabalho dela e cobre que isso seja feito por sua empresa. As mulheres têm uma carga dobrada de trabalho por conta da maternidade e afazeres de casa, que infelizmente ainda não são balanceados entre homens e mulheres, portanto, não podemos permitir que isso se perpetue com insinuações do tipo.

Não force amizade

Não exagere na intimidade com quem você não tem liberdade, e mesmo que tenha espaço para alguma informalidade, respeito é base de qualquer relação. Nem sempre quem está te ouvindo sabe que você tem intimidade com o cliente e nem sempre seu cliente estará em um ambiente que ele poderá retribuir a intimidade, então tome cuidado para não estragar relações que você está tentando construir há anos por causa disso.

Política depois

Evite falar mal de partidos políticos, ideologias, opiniões, principalmente antes de entender melhor como o cliente pensa sobre o tema. Se você falar mal de um político específico para alguém que gosta dele, você não vai fechar nada e nem vai entender o motivo.

Não faça piadas racistas, homofóbicas, gordofóbicas, ou de qualquer tipo de preconceito.

Suas vontades não interessam para o cliente

Já recebeu uma proposta de alguém te vendendo algo e dizendo que "quer muito fechar com você?". Exato, o que o vendedor quer ou deixa de querer não é argumento de venda. Mostre benefícios para o cliente, vantagens que ele tem ao fazer negócio contigo.

Pedir ao cliente que feche para "te ajudar" ou porque você "tem que bater meta" ou porque você "quer muito atender a empresa dele" ou porque "você tem muito interesse no negócio", ou qualquer coisa do tipo, é estragar todo o trabalho que você fez para que o cliente te percebesse como autoridade no assunto.

Falamos neste livro sobre características e benefícios, mas ainda que você não domine a diferença e como usar esses argumentos a seu favor, basta você parar de olhar seus interesses e pensar nos interesses do seu cliente que seus resultados vão melhorar, é questão de praticar.

Lembre-se, você concorre com muita gente preparada e muita gente que ainda não está, evite que o cliente te desqualifique sem conhecer o que você pode oferecer apenas pelo tom ou forma que você se manifestou.

Pense numa maneira de saber o que o cliente quer, o que ele precisa e depois pense em você. Pensar no sucesso do seu cliente - de verdade - é o melhor jeito de ter sucesso.

Por fim, imagine você indo à uma loja de roupas e o vendedor te falando para comprar algo porque ele tem muito interesse em fechar o negócio. De verdade, você compraria?

Não erre o nome do cliente

Básico, certo? Mas na prática é muito difícil. Eu já errei, você já errou, eles já erraram, e assim por diante. E não podemos garantir que vamos parar de errar, porque é difícil, mas podemos melhorar nossas chances praticando e criando elementos para errarmos menos.

Se não souber ou não lembrar, não fale errado, conduza a conversa enquanto você lembra ou até que alguém diga, se for possível. Essa maneira é um pouco arriscada, mas ainda é melhor do que errar.

Tente conferir quando escrever e quando for falar tenha certeza de que está certo, se precisar, anote para o dia da reunião ou ligação e confira minutos antes.

Há quem quando não se lembra o nome de alguém pergunta de cara. Eu particularmente não gosto, faço questão de lembrar (é claro que não vou lembrar de todo mundo, mas me esforço muito), mas essa é uma das qualidades mais importantes dos vendedores de sucesso.

Já aconteceu de me ligarem e a conversa iniciar como se eu fosse amigo de infância de quem ligou e eu não ter ideia de quem é, neste caso eu digo delicadamente que o telefone não identificou o nome de quem está me ligando e pergunto o nome.

E têm alguns nomes que se encaixam para homens e mulheres, quando você não sabe pronunciar o nome, por ser estrangeiro ou diferente, então nesses casos você coloca em prática a boa e velha dica número um de como ser um bom vendedor: seja afiado.

Eu tento perguntar para a pessoa que atendeu antes (a secretária, por exemplo) se a pessoa que eu vou falar é homem ou mulher e como é a pronúncia correta, normalmente dá certo.

Então, quando a pessoa atender, você já chama pelo nome e com a pronúncia certa, isso surpreende quem está acostumada a ser chamado pelo nome errado, e vai fazer com que a pessoa se lembre de você.

Não interrogue o cliente

E não confronte! Vou contar uma história breve, mas que é real.

Um belo dia chego na sala – há alguns anos – e ouço uma conversa um pouco acalorada. Penso: ele certamente precisa descobrir uma informação imprescindível para desativar uma bomba nuclear e salvar o planeta (os EUA). Um filme do Tom Cruise? Não! Um vendedor interrogando um cliente para saber onde ele pode encontrar uma brecha para vender algo.

O mais interessante era ouvir ele confrontando o cliente quando alguma informação era diferente daquela que meu amigo vendedor tinha. O cliente falava X e o cliente dizia que era Y.

Mas, eu fui o único que já viu isso? Acho que não. Vou contar uma segunda história, que também é real.

Tenho uma linha de uma operadora de celular conhecida e esses dias uma pessoa me ligou dizendo que trabalhava na operadora concorrente que estava vendo que eu tinha uma linha desta operadora, a concorrente, com eles há um bom tempo e que estava me disponibilizando um desconto imperdível para mudar para pós pago da operadora que eu não tenho linha.

Eu respondi: mas minha linha é da outra operadora. E ela respondeu: Não, estou vendo no meu sistema que é da minha operadora. Ou seja, ela estava me confrontando e afirmando que minha linha de telefone celular ativa era da operadora dela, sendo que eu nunca fui cliente da empresa que ela trabalhava.

Neste ponto do tópico já está claro o que não se deve fazer, mas, e o que fazer? Como obter estes dados sem parecer um investigador de polícia?

Hoje existem estatísticas que já te guiam para onde seguir. Se não te guiam, guiam seu gerente ou diretor, e eles devem te conduzir para os clientes corretos.

Além disso, você aprendeu que quando ligar para um cliente o seu objetivo é ser diferente e passar a impressão de autoridade no assunto. Então se você fez isso certo, neste momento seu cliente te contará o que você precisa saber sem que você pergunte.

Imagine você indo à uma loja de roupas e o vendedor te falando para comprar algo porque ele tem muito interesse em fechar o negócio, você compraria?

Capítulo 3

Preste atenção na abordagem

Eu escrevi sobre como melhorar o desempenho em Cold Calls praticamente durante metade do livro e você já percebeu que são 3 os pontos importantes para uma abordagem eficaz nos primeiros 4 segundos, que vão definir se o cliente vai te ouvir ou não, são elas:

Você precisa ser especialista na sua área (autoridade no assunto), afiado pra caramba e ter vontade de fazer as ligações, com entusiasmo. Sem isso você não vai conseguir ser ouvido.

Não fui eu quem descobri esses pontos, eu os estudei e pratiquei até que os entendesse e sentisse seu poder.

O conceito de "Straight Line Persuasion" (Persuasão da Linha Reta) foi desenvolvido por Jordan Belfort, um ex-corretor de valores e autor do livro "The Wolf of Wall Street". Ele acredita que a persuasão eficaz envolve seguir uma abordagem estruturada e sistemática ao se comunicar com os clientes.

A ideia central do "Straight Line Persuasion" é direcionar a conversa em uma linha reta desde o início até o fechamento da venda. Isso envolve estabelecer uma conexão rápida com o cliente, identificar suas necessidades e desejos, apresentar soluções relevantes de forma persuasiva e superar objeções para levar o cliente ao ponto de decisão.

Belfort destaca a importância de criar rapport (empatia e sintonia) com o cliente, utilizando técnicas como espelhamento e correspondência de linguagem corporal, além de enfatizar o uso de linguagem poderosa e persuasiva, destacando os benefícios e resultados que o cliente pode alcançar ao adquirir o produto ou serviço oferecido.

A ideia não é colocar o Belfort como herói aqui porque suas estratégias de persuasão foram usadas de maneira antiética e manipuladora. Então eu adaptei essa técnica para nossa realidade e testei a exaustão.

Seja especialista na sua área

Quando você vai ao cabeleireiro, você quer ser atendido por quem iniciou na carreira agora ou por quem está fazendo isso há 30 anos? Quando você vai ao médico, você prefere um médico estagiário ou um que tenha feito mais de 10 mil consultas? Quando você pega um avião, prefere que o piloto esteja na sua primeira viagem, ou que ele tenha 5 mil horas de voo naquela aeronave?

Mas tudo bem, a gente não começa já tendo 5 mil horas de voo, concordo, só que o cliente não precisa saber disso, então a dica é a seguinte: mesmo que você ainda não seja especialista, você pode parecer ser um para quem te ouve – não quero dizer que você precisa ser falso ou que deve enganar ninguém, muito menos que pegue algo que não saiba para fazer.

Essas dicas simples vão mudar radicalmente seu resultado nas prospecções fazendo com que seu cliente te reconheça como um especialista no mercado:

1- Nosso cérebro funciona com estímulos e gatilhos mentais (falei sobre isso também nas dicas de cold calls), use a seu favor;

2- Faça uma pesquisa (decente) sobre o mercado do seu cliente assistindo vídeos, lendo textos, acessando o site dos concorrentes, faça isso sempre que possível e não deixe de repetir porque o mercado se atualiza;

3- Procure um caso curioso sobre o mercado do seu cliente, algo que tenha ficado conhecido no mercado. Tente também algo muito específico, que você só teria como saber sendo da área, deixe isso para surpreender no final e use como a carta na sua manga;

4- Inclua palavras específicas da área como órgãos anuentes, produtos, dados do mercado, de maneira que não pareça exagerado, coloque as palavras de maneira delicada;

5- Tente fazer a semana do produto. Se você vai prospectar mercado de energia numa semana, faça apenas isso, se for pharma, foque só nisso, se você vende planos de telefonia, ou seguros, faça igual, separe por alguma categoria;

6- Quando ligar, se comporte como autoridade (sem prepotência) e faça o cliente sentir que você está ligando apenas para ele, sem dizer isso. Faça ele sentir como se você estivesse num ponto da carreira onde você faça poucas ligações e ele é um dos poucos que você escolheu para ligar;

7- Concorde com o cliente e argumente com as atitudes que os concorrentes dele costumam tomar, elogie a operação dele e dos concorrentes (pesquise isso para não parecer que você inventou);

8- Antes de finalizar agradeça o tempo dele e diga que você está satisfeito por ter aprendido com ele nessa ligação, essa etapa é importante para que ele sinta que valeu a pena te atender também;

9- Remova do vocabulário as expressões: "parceria", "mindset", 'fora da caixa', "mais uma opção", "novo normal" e qualquer vocábulo dessa linha. Ninguém quer mais uma opção para mais nada e quando você diz isso, o gatilho que vai acionar é negativo, dando a entender que você é só mais um.

10- Por fim, cumpra tudo o que prometeu na ligação. Se falou que retornaria, retorne. Se você disse que ia enviar apresentação, envie e assim por diante;

11- Faça sempre, foque nisso e não pare de fazer nunca, você vai entender o motivo em pouco tempo, porque na área de vendas quem se destaca sobe muito rápido;

Se você fizer isso – desta forma – por uma semana e não tiver resultados positivos, independentemente da área em que você atue, me comprometo a colocar em prática essa técnica contigo (sem custo) e ver o que podemos fazer para melhorar.

Basta me procurar pelas formas de contato que estão disponíveis nesse livro e nas minhas redes sociais.

Seja afiado pra caramba

Mas, o que é ser afiado?

Bom, é ser alguém com a resposta na ponta da língua. Alguém que não gagueje, ainda que diga "não sei". Parece estranho, mas é possível que você pareça especialista em alguma coisa e mesmo assim dizer que não sabe um detalhe, não é pecado.

Isso vai ajudar no seu desempenho porque quando você ligar e se apresentar, você não vai deixar espaços vazios na chamada, aquele silêncio desconfortável, fazendo com que você esteja sempre pronto para responder, e rápido.

Lembre-se de que não se trata de uma corrida, ser afiado é estar alinhado com o mercado e saber o que seus clientes costumam dizer para dispensar vendedores, então pratique as respostas, mas quando for conversar com seu cliente, fale com calma e segurança.

Nunca responda algo que você não saiba, é bem possível que você seja pego na mentira e todo o trabalho pare por aqui. Diga que vai verificar, e emende outro assunto, não dando muito espaço para pensar, mas sem atropelar.

O vendedor não tem obrigação de saber tudo, mas neste ponto da conversa ele já te considera especialista. Só não esqueça que isso também não é desculpas para que você não saiba nada.

Se você disser que vai verificar e não disser nada, o cliente vai dizer: "então quando você souber, você me liga". Então diga que vai checar e já faça outra pergunta, ou caminhe para o fechamento.

Quando ligar, não invente argumentos como motivos. Não diga que o exportador te indicou, nem nada assim, a não ser que seja mesmo verdade, porque pode ser que o cliente pergunte o nome da pessoa e você vai se enrolar.

Estar 100% afiado é conseguir sair de enrascadas como essa sem estragar o relacionamento, mas não esteja disposto a arriscar tudo contando com isso, então conte sempre com o que você realmente tem como provar.

Diga com segurança e tranquilidade que você é vendedor, está ali para vender e sabe que ele precisa dos serviços que você presta, então se ele te ouvir por alguns segundos pode ser que algo que você tenha interesse para ele. Mas faça isso sem prepotência e com muita educação, para ele não se sentir diminuído.

A essa altura você já entendeu que precisa estar com a mente sempre trabalhando e que isso te dará o poder de estar afiado para responder a qualquer questionamento que lhe for feito na ligação.

Ser afiado é uma habilidade essencial para os vendedores, pois implica em ter respostas prontas e seguras na ponta da língua. Ao estar afiado, o vendedor evita espaços vazios na chamada e transmite confiança ao cliente.

Ser afiado envolve estar alinhado com o mercado e conhecer as objeções e preocupações dos clientes, gerando uma comunicação fluida e segura, mas sem prepotência. Dessa forma, o vendedor constrói relacionamentos de confiança e aumenta suas chances de sucesso nas vendas.

Se você fizer isso – desta forma – por uma semana e não tiver resultados positivos, independentemente da área em que você atue, me comprometo a colocar em prática essa técnica contigo (sem custo) e ver o que podemos fazer para melhorar.

Tenha vontade de ligar

Temos aqui a única coisa que não é possível se ensinar a um profissional de vendas: atitude. Passar a mão ao telefone fazer ligações é algo que não se desenvolve com treino, contudo, é possível trabalhar a disciplina. Considerando isso, vamos trabalhar a vontade de ligar em um lado e as ligações feitas com entusiasmo, de outro.

Primeiro, o vendedor precisa enxergar que as ligações frias, quando bem feitas, ainda são a melhor maneira de fechar clientes novos, e de maneira rápida. Então, entenda de uma vez por todas que essa será sua realidade daqui pra frente, sempre pronto e disposto a pegar o telefone e ligar, seja dia par, seja dia ímpar, seja emenda de feriado, seja final de ano.

Em segundo lugar, o vendedor, já sabendo que precisa exercitar o ato de ligar, precisa fazer isso com entusiasmo, que segundo o dicionário seria algo parecido com "empolgado".

Para nós, vendedores, nada mais é do que "tenha vontade de fazer o que está fazendo", ou "se não gosta de vender, troque de área", ou "ligue como se fosse a única ligação do dia".

Há quem diga que você deve ficar em pé para ligar, o que pode melhorar a forma com que você argumenta. Diversos cursos de oratória sugerem este caminho. Eu creio que tem que ser da forma que melhor se adapte à sua realidade, que nem sempre será possível seguir a receita.

Você pode ter um script, um roteiro, ou até não gostar do que está fazendo, mas não pode deixar seu cliente perceber isso, então leia com calma, se for o caso, e com o tempo, procure decorar de maneira sutil.

Eu trabalhei com um rapaz que fazia mais de 100 ligações por dia repetindo exatamente as mesmas palavras todas as vezes, inclusive no mesmo tom.

Ele tinha a habilidade de não soar mecânico e ainda conseguia fazer outras coisas enquanto ligava, mas são poucos assim. Seja sempre alegre, cortês, não deixe silêncio na ligação e faça com vontade, como quem gosta do que está fazendo.

Capítulo 4

Siga os passos da venda até o final

Mesmo quem não tem nenhuma familiaridade com a venda, consegue efetuar fechamentos seguindo os 12 passos de venda da revista Venda Mais. Faça uma pesquisa sobre o tema e estude, isso vai te ajudar muito a melhorar seu desempenho.

Isso não é uma propaganda, e sim um direcionamento para que você estude os passos que vem em seguida da sua legação fria, que está entre o terceiro e quarto passo, segundo a revista.

Um ponto importante é que devemos evitar pular passos, pois eles foram muito bem pensados para atingir um resultado, além de terem sido testados durante anos por quem entende - e muito - do assunto.

Só que para ter resultado consistente é importante seguir os passos até o final e fazer acompanhamento, veja como neste exemplo abaixo como um vendedor *não deve* fazer se quiser ter sucesso:

Uma pessoa entrou em contato comigo algumas vezes oferecendo abrir conta em um banco com investimentos. Eu sempre dizia que eu retornaria quando tivesse interesse e salvei o contato na minha agenda

Ele insistiu tanto, pelo LinkedIn, por e-mail, WhatsApp, que eu aceitei uma ligação por vídeo para que ela parasse de insistir. Eu não precisava de uma conta naquele momento, mas decidi dar um voto de confiança.

Ficamos uma hora ao telefone e eu gostei muito da proposta, achei que cabia bem no meu perfil e ele tinha habilidade com vendas, sabia identificar minhas dificuldades (chamadas no mercado de dores) e argumentava bem;

Combinamos dele me enviar a proposta e seguiríamos com a abertura da conta, eu já estava pensando em uma desculpa para meu gerente do outro banco, pois eu deixaria de investir com ele. Já faz 84 anos.

Ele fez o mais difícil que foi me convencer que eu o ouvisse e depois nunca mais retornou. Eu queria comprar o produto, fiquei mesmo com vontade, mas decepcionado, com ele e com a empresa que ele representava.

Claro que eu não retornei, pois não precisava tanto assim. Quem me fez pensar que eu estava perdendo tempo em não ter uma conta naquele banco foi o vendedor e depois me fez achar que perdi tempo falando com ele.

Provavelmente o vendedor se esqueceu de retornar. Ele não enviou o e-mail na mesma hora que falou comigo, então pode não ter anotado nossa conversa ou pulou meu contato quando foi enviar todas as apresentações no fim do dia.

É importante que os vendedores sejam organizados e responsáveis para garantir que todas as interações sejam acompanhadas e as promessas sejam cumpridas. Enviar a apresentação imediatamente após a ligação permite que o cliente retenha a informação e tome medidas rápidas, caso necessário.

Além disso, é essencial manter contato atualizado e orientar o cliente na etapa de fechamento, especialmente se houver atividades adicionais a serem realizadas, como abrir uma conta em um novo banco.

Provavelmente o vendedor se esqueceu de retornar.

Capítulo 5

Como administrar sua carteira de clientes

Antes de mais nada, vamos explicar sobre o conceito do termo "cliente". É um cliente a empresa que compra, a empresa que fecha.

Se apenas cota não é cliente. Se o contato apenas te atende não é cliente. Se você tem o contato de quem decide esta empresa não é um cliente.

Então falarei aqui de maneiras para você administrar seus clientes, contatos, leads, targets e os que estão cotando.

O caminho é separá-los dessa maneira e fazendo isso você irá resolver sua vida na área de vendas, pois administrando sua "carteira" você irá conseguir saber qual investir mais energia, qual abandonar e qual passar para um colega.

Você tem que aprender a desapegar de clientes, que só tem esse nome por ser cliente de alguém, não necessariamente seu.

Existem bons textos sobre isso na internet, não fique apenas com meu conteúdo, vou explicar brevemente aqui, mas faça disso uma leitura frequente.

A forma de fazer essa administração de carteira irá variar de negócio para negócio, mas no agenciamento de cargas, minha área atual, é difícil alguém administrar de maneira eficaz mais que 60 clientes. E quando eu falo cliente aqui, coloco todas as categorias.

Se for com um bom suporte de vendas e um gerente ativo e próximo é possível gerenciar até uns 100, mas além desse número o vendedor apenas vai perder tempo e nunca vai chegar na alta performance de maneira sustentável e eficaz.

Para começar, se você é o gerente, ajude o vendedor. E se você é o vendedor, fale antes com seu gestor. Você precisa entender a estratégia da empresa e você e seu imediato precisam estar na mesma página estrategicamente.

Classifique os clientes, os ativos e os que apenas cotam ou pedem orçamento (e que fecham mesmo que esporadicamente), os que te enrolam, os que você tem vontade de fechar e os que você tem na lista para começar do zero, que normalmente são os mais comun no cold call. Dê uma letra para cada um por esta ordem de importância:

"A" são aqueles que você não pode perder, que pagam certinho, não apertam no prazo e condições e que tem um bom volume mensal. Também são aqueles que representam uma perda para a empresa como um todo caso ele saia.

"B" são o que você tem que dar atenção, que tem ou não um prazo longo de pagamento, mas têm volume e fecham negócios. Eles podem ir para a letra "A" ou para a letra "C". Você vai fazer essa movimentação dependendo de como se comportarem durante o ano, já que você precisará fazer este exercício esporadicamente.

"C" são os que têm negócios, mas cotam ou pedem orçamentos e nunca fecham, você precisa movimentá-los para a categoria "B" ou rebaixá-los para "D".

Só que não pode ser porque você quer mudar de categoria, você precisa estabelecer critérios bem definidos para cada uma das letras e prazos.

"D" é a quarentena. São os clientes que você vai descartar. Ninguém sobe para a letra "C", a não ser que você consiga entender que ele de fato quer algo sério, mas isso é bem raro.

Ainda que você comece a falar com um cliente hoje, ele não será categoria "D", porque se durante a separação você chegar a conclusão de que ele não quer fechar nada, você nem deve listá-lo.

Então para que você envie uma apresentação ou faça uma segunda ligação ele precisa ser pelo menos **"C"**. Os que estão na letra **"A"** vão mudar menos porque são clientes já consolidados, mas de resto o segredo é ser rotativo.

Mas o segredo é você não sair da quantidade de clientes, ou seja, você vai manter a quantidade que você administra, mas vai classificá-los dentro de uma porcentagem.

Com uma carteira de 60 contatos, uma boa separação ficaria assim:

Categoria A: 10 clientes (20%)

Categoria B: 10 clientes (20%)

Categoria C: 20 clientes (40%)

Categoria D: 10 clientes (20%)

O que for letra **"D"**, você vai descartar e colocar outros 10 no lugar. E a mesma estratégia você vai usar para as outras letras. Os que estão na categoria **"B"**, você precisará trabalhar para que ele suba para a categoria **"A"**, e claro, não tem problemas em ter muitos clientes na categoria **"A"**, você só precisa reduzir as outras categorias, já que os clientes ativos vão tomar muito do seu tempo.

Faça isso por alguns meses e você já vai perceber a mudança de resultado.

Capítulo 6

Ele está te enrolando e você precisa perceber logo

Existem clientes que sempre te respondem a mesma coisa, de maneira evasiva, sem ser objetivo, mas também sem te dispensar. Estes são os que tomam o seu tempo e não trazem resultados.

Se você não pensou em nenhum com essas características, as respostas mais comuns que eles têm quando você os procura são: "Vamos nos falando", "Entraremos em contato no momento certo", e "Não estamos abrindo novos parceiros no momento".

Ele não está a fim de fechar nada com você. Desapega, vá para o próximo e vida que segue, sem ressentimentos. Mas cuidado e fique atento, pois se acontecer muito, algo está errado, então pense em rever sua abordagem, pois o problema pode ser seu produto, sua empresa ou até o mercado no qual você está atuando.

Valorize o cliente que diz que não tem interesse, porque estes são raros, mas liberam você para um próximo, contudo tente saber o motivo e quando você perceber que ele não tem mesmo interesse e não é objeção, risque-o da sua lista.

Você ainda vai encontrar aqueles que de fato não têm tempo de te dar atenção, então gaste sua energia tentando explicar para ele, de forma sutil, que ele não tem tempo porque pode estar tendo que resolver assuntos dos quais você pode ter a solução.

Pode acontecer do cliente te dizer que não consegue dar atenção para o que você oferece neste momento, e então, você vai argumentar que aquela é a melhor hora para mudar algo, já que ninguém está cobrando dele uma mudança, e em breve podem passar a cobrar.

Ou seja, quando o cliente não precisa mudar ou reavaliar um processo é o melhor momento para fazer isso, pois ele pode fazer sem pressa e sem ninguém pressionando.

Quando o cliente não precisa mudar ou
reavaliar um processo é o melhor momento
para fazer isso, pois ele pode fazer sem pressa e
sem ninguém pressionando.

Capítulo 7

Vendedor, quando não vendemos ou não batemos meta geralmente a culpa é nossa.

A primeira reação do ser humano é terceirizar a culpa, seja de que área for, mas quando a gente faz isso, deixa de procurar erros que nós mesmos cometemos todos os dias e nos acomodamos em respostas fáceis.

Para este exercício você terá que ser sincero consigo mesmo e responder o motivo de não ter batido meta na última vez que você não bateu. Contudo, você não pode dizer que a culpa foi:

- Por causa da crise;

- Por causa do governo;

- Porque seu preço estava mais alto;

- Porque a empresa não te ofereceu estrutura;

- Porque o cliente não gosta de você;

- Porque o mercado está parado;

- Porque você não tem sorte;

Vai haver situações em que as "desculpas" acima se aplicam mesmo, mas antes de chegar à essa conclusão, procure em você o que pode ser diferente.

Capítulo 8

Faça uma venda mais bem feita

Se você é vendedor, você já passou por inúmeras empresas em que não conseguiam manter o cliente por causa de problemas operacionais, independentemente de qual motivo fosse.

Só que, como explicado no capítulo anterior, temos o hábito de colocar a culpa em algum evento externo, então vou te contar algo que vai mudar seu modo de pensar: A maioria dos erros operacionais começa em uma venda mal feita.

Há alguns anos eu me sentei com o CEO de um agente de cargas em que eu trabalhei para reclamar sobre problemas nos fechamentos que eu fazia.

Eu disse a ele que eu tinha fechado dezenas de clientes novos para a empresa que fizeram um primeiro processo, mas que não fizeram um segundo. Na minha apuração este número representava mais de 50% do total de fechamentos.

Ele disse "não vou defender o operacional, eles erram sim, mas você já tentou buscar na parte da venda o que poderia ter sido feito para que o processo avançasse mais redondo?"

Aquilo me abriu um horizonte para o qual eu não havia ainda olhado, e então eu passei a observar as minhas vendas e percebi que ele estava muito certo.

Os problemas operacionais existem, mas uma venda mal feita e detalhes não explicados no momento do fechamento são de longe o que mais deixam brechas para que erros aconteçam.

Depois refleti quantas vezes eu comprei algo para mim, como pessoa física, e depois tive que ligar para um serviço de pós-vendas para reclamar que não fui atendido como eu esperava.

Este vendedor não passou para frente aquilo que combinou comigo no momento da venda e provavelmente isso aconteceu muito contigo também.

Como um vendedor profissional você deve detalhar e explicar tudo no momento da proposta. Faça perguntas, desenhe o modelo que o cliente procura e tente, se possível, um responsável operacional para criar este modelo em conjunto.

Neste momento você precisa entender quais são as expectativas do cliente em relação ao que você e seu time estão entregando. Se você é cliente e todos somos em algum momento, não pense que o vendedor está questionando por que não conhece seu mercado ou não sabe trabalhar, vale a pena tentar intimidar menos, você vai gostar do resultado.

Você precisa entender quais são as expectativas
do cliente em relação ao que você e seu time
estão entregando

Capítulo 9

Como se destacar na área de vendas?

Se destacar na área de vendas é um objetivo comum para muitos profissionais. No entanto, alcançar esse destaque requer uma combinação de habilidades, conhecimentos e atitudes. Aqui estão algumas dicas para se destacar na área de vendas.

Conheça bem seus produtos/serviços: É fundamental ter um profundo conhecimento sobre o que você está vendendo. Isso inclui entender como seus produtos/serviços funcionam, quais são seus benefícios e como eles se comparam aos concorrentes. Estar bem informado permite que você transmita confiança e gere valor para os clientes.

Desenvolva habilidades de comunicação: A comunicação eficaz é essencial em vendas. Isso envolve ser claro, persuasivo e ouvir atentamente as necessidades dos clientes. Aprenda a adaptar seu estilo de comunicação para se conectar com diferentes personalidades e públicos-alvo.

Construa relacionamentos de confiança: O sucesso nas vendas está diretamente relacionado à capacidade de construir relacionamentos sólidos com os clientes. Seja autêntico, compartilhe informações relevantes e esteja sempre disponível para ajudar. Ganhar a confiança dos clientes leva tempo, mas é um investimento valioso.

Seja proativo: Vendedores bem-sucedidos não esperam as oportunidades caírem em seus colos. Eles estão constantemente prospectando, buscando novos leads e seguindo com iniciativa as oportunidades de negócio. Seja proativo ao identificar novas oportunidades e agir rapidamente.

Esteja atualizado: A área de vendas está sempre evoluindo, assim como os produtos, serviços e necessidades dos clientes. Esteja atualizado sobre as tendências do mercado, as melhores práticas de vendas e as mudanças no comportamento do consumidor. Isso permitirá que você se adapte às demandas em constante mudança e ofereça soluções relevantes.

Aprenda com as falhas: Nem todas as vendas serão bem-sucedidas, e isso é normal. O importante é aprender com os fracassos e aplicar as lições aprendidas em futuras abordagens. Não tenha medo de sair da sua zona de conforto e experimentar novas estratégias. O crescimento ocorre através da experiência e do aprendizado contínuo.

Mantenha-se motivado: Vendas é uma área desafiadora e, muitas vezes, requer resiliência. Mantenha-se motivado, defina metas realistas e acompanhe o seu progresso. Celebre as conquistas, por menores que sejam, para ajudar a manter o impulso e a energia positiva.

Lembre-se de que o sucesso em vendas não ocorre da noite para o dia. É preciso dedicação, persistência e um comprometimento constante com o aprendizado e o aprimoramento. Com o tempo e o esforço adequados, você pode se destacar na área de vendas e alcançar seus objetivos.

Se você fizer tudo certo você saberá que teve sucesso com os seguintes sinais:

Você vai vender para o cliente. Vai fechar negócio. Depois disso, você vai perceber que está vendendo sempre para este cliente, ou seja, os negócios são frequentes e por último, você vai perceber que o cliente está vendendo para você, te indicando, que é a melhor forma de reconhecimento que pode existir para um vendedor.

Venda é relacionamento

Negócios grandes não são decididos em uma ligação de 10 minutos. Muitos levam anos e a confiança necessária para que você tenha chance de participar será conquistada com o tempo.

E a pessoa do vendedor representa muito para a empresa na hora de fechar um negócio, por isso creio que quando é B2B dificilmente haverá um aplicativo ou máquina que nos substitua (no curto prazo, pelo menos).

Então, quando você identificar que é o caso, vá aos pouquinhos, devagar e sem pressa. Não quero dizer para você enrolar, mas mantenha o ritmo, você tem que manter sempre contato sem forçar nada. Esteja disponível!

O Fernando Toledo Piza costuma dizer muito bem que o trabalho do vendedor é parecido com o do garçom: temos que estar ali, com a bandeja na mão, esperando o momento em que o cliente vai precisar de algo.

Nessa hora ele tem que lembrar de você e para isso é preciso gerar conteúdo para não parecer só alguém tentando vender. Você deve ligar de vez em quando para o cliente para entender como está o mercado dele, você pode iniciar a ligação dizendo "não liguei pra te vender nada".

É interessante perguntar de vez em quando como estão as coisas na empresa, mandar um "feliz aniversário" no dia certo (errar isso é complicado, mas acontece)

Seja criativo, tem vendedor que gosta de perguntar da vida, filhos, entre outras coisas mais íntimas. Pode funcionar, mas também pode parecer que você está forçando uma intimidade que não existe, então use se você achar interessante, mas sem exageros.

Você vai vender para o ciente. Você vai vender sempre para o cliente. O cliente vai vender pra você.

Conclusão

Vender não é tarefa fácil. Vender por telefone e sem visitar também não é simples como parece, mas é bem possível e sei que você consegue, porque eu consegui.

Apesar de ser uma estratégia temida por muitos vendedores, as cold calls ainda são eficazes e podem trazer resultados positivos. A quantidade de ligações feitas aumenta as chances de sucesso, mesmo que o vendedor não tenha pleno conhecimento do que está vendendo ou não seja hábil nessa abordagem.

Antes de realizar as ligações, é importante se preparar adequadamente. Acreditar no produto ou serviço que está sendo oferecido é essencial, pois transmite confiança durante o contato com o cliente.

Além disso, é necessário definir claramente o objetivo da ligação, seja vender o produto ou agendar uma visita.

Conhecer a empresa ou pessoa para quem se está ligando é fundamental para engajar o receptor. Pesquisar informações sobre a empresa, produtos comercializados, fundadores e missão pode ajudar a estabelecer uma conexão.

No caso de ligações para pessoas físicas, é importante saber pronunciar corretamente o nome, ter uma ideia da idade e qualquer dado que o qualifique como um possível cliente.

Ter alta performance em vendas, onde existem diversos prestadores de serviços oferecendo as mesmas coisas todos os dias é um desafio interessante e faz com que muitos detestem a profissão de vendedor e que muitos "clientes" passem a desejar não receber ligações de nenhum departamento comercial.

Ao realizar a ligação, é preciso conquistar a atenção do cliente em poucos segundos. Por meio do preparo adequado, é possível desenvolver uma abordagem eficiente e cativante.

Vale ressaltar que é necessário conhecer as características técnicas do produto ou serviço, adaptando a abordagem conforme o perfil do cliente.

Lidar com objeções e possíveis negativas faz parte do processo de cold call, por isso é importante saber identificar quando o cliente não tem interesse ou está apenas criando objeções. A prática, leitura e experiência ajudam a aprimorar essa habilidade.

Vimos aqui que é possível melhorar o resultado com dicas simples colocadas em prática no dia a dia de forma constante.

O cliente pode ter recebido diversas chamadas de vendedores e tratar todos da mesma forma. Chamar pelo nome, se apresentar de forma educada e perguntar se é um bom momento para falar demonstra respeito pelo tempo do cliente. Caso a resposta seja negativa, é possível agendar um horário mais conveniente para retornar a ligação.

O mais importante deste conteúdo é que ele não deve ficar restrito a você, vendedor. Repasse aos novos ingressantes da área e me ajude a tornar o comércio exterior mais atrativo, saudável e cheio de profissionais de primeiro nível.

Boas Vendas!

Edição 2

27 de dezembro de 2023

Caso tenha interesse em uma mentoria dedicada, entre em contato com o site no final do livro.